Couvertures supérieure et inférieure
manquantes

BIBLIOTHEQUE
CHRÉTIENNE ET MORALE
approuvée
PAR Mgr L'ÉVÊQUE DE LIMOGES
in-8. 5e série.

Tout exemplaire qui ne sera pas revêtu de notre griffe sera réputé contrefait, et poursuivi conformément aux lois.

Barbou frères

RÉFLEXIONS MORALES.

Réflexions morales.

RÉFLEXIONS

MORALES

PAR

LE COMTE ***

LIMOGES
BARBOU FRÈRES, IMPR.-LIBRAIRES.

DE L'ESPRIT DE CONTRADICTION.

Ordinairement, l'homme qui fait le moins est celui qui se plaît davantage à contredire. Son unique ressource étant dans la vigueur de ses poumons, il étourdit ses auditeurs à force de crier, et se rend odieux, également à celui qu'il attaque et à ceux qui sont obligés d'essuyer la tempête de sa voix. Le sot caractère que celui de contredisant ! Ce qu'il fait le moins, est, pour l'ordinaire, ce qu'il attaque, ou ce qu'il veut soutenir. N'est-ce pas vouloir exprès faire montre de son ignorance, que de parler des choses dont on a peu ou point de connaissance ? C'est le suprême degré de l'effronterie, que de se vouloir ériger en juge dans un discours ou souvent on ne sait pas de quoi il s'agit. Quoique la contradiction soit quelquefois de saison, pour fournir à l'entretien d'une conversation quand elle est raisonnable, néanmoins quand elle est accompagnée d'opiniâtreté, elle devient aisément ennuyeuse. Pour fatiguer cette sorte d'esprits agréables, on n'a qu'à consentir à tout ce qu'ils disent, et on verra qu'ils souffrent de ne pouvoir donner pleine carrière à leur babil. J'ai connu un grand seigneur qui se fâchait quand on le contredisait, et se moquait d'un homme qui ne le contredisait pas; s'imaginant que ce n'était qu'un stupide, qui, faute d'esprit, convenait de tout ce qu'on lui proposait. Cette espèce de caractère est bien dangereux, particulièrement quand ceux parmi lesquels il se trouve ont le pouvoir en main; et, lorsqu'ils ne l'ont pas, ils sont toujours d'un très-agréable commerce. C'est pourquoi lo sage évite de telles compagnies ; et si, par malheur, il s'y trouve, il profite de la règle qui dit : *Donne le foin au bœuf et le sucre au perroquet.*

DES CHOSES QUI NE SOUFFRENT POINT DE MILIEU.

On dit ordinairement que la vertu se trouve dans le juste milieu ; mais que, dans la poésie, la musique, la peinture et la sculpture, la médiocrité ne vaut rien. Ces sciences ont la perfection pour unique objet, sans quoi elles ne sont aucunement estimées des gens de bon goût. Or, il est remarquable que, pour atteindre à ce but sublime, la foi est un guide plus sûr que la sagesse ; car on observe que ceux qui y excellent ont, pour la plupart, le cerveau passablement dérangé ; et quoiqu'on dise que la poésie est le langage des dieux, néanmoins, on y aperçoit souvent des traces de folie bien marquées. Je me souviens, à ce propos, qu'un poète étant une fois raillé par un jeune étourdi, sur le défaut qui semble inséparablement attaché à cette profession, répondit avec beaucoup d'esprit :

>Je conviens avec vous
>Que tous les poètes sont fous :
>Mais comme poète vous n'êtes,
>Tous les fous ne sont pas poètes.

Au reste, je ne saurais nier que, bien que je ne sois pas du goût le plus fin, je ne saurais souffrir des vers qui ne sont que médiocres : car il me semble qu'une poésie fade est beaucoup plus insupportable que la prose rampante. Cependant, c'est aujourd'hui la mode de se faire valoir par la rime ; et quand Pégase refuse de porter quelques génies malheureux jusque sur le sommet du mont Parnasse, ces génies disgraciés s'y font voiturer par des ânes, et perdent sur le sommet trop élevé de cette montagne, le bon sens qu'ils auraient conservé s'ils avaient été assez sages pour demeurer au pied. J'ai connu entre autres diverses femmes si entêtées de la rime, qu'elles en avaient perdu le sens commun.

DE LA COMMODITÉ.

La commodité que les mortels cherchent avec tant d'avidité dans cette courte vie, me paraît être comme un venin sucré que l'esprit de l'homme, rempli de vanité, compte entre les plus grandes félicités de ce monde.

La commodité est un faux ami du corps, qui, sous prétexte d'avoir soin de lui, l'accable de divers maux, qui proviennent du peu d'exercice qu'on fait, et de l'abondance des mets délicieux et mal sains qu'on prend ; outre cela, elle trahit l'âme ; car elle nous fait souvent oublier Dieu. Il est bien difficile d'être entièrement à son aise, et d'être disposé à souffrir quelque chose pour son salut. La plupart des hommes ne font pas assez de réflexions sur cette vérité, que l'on ne saurait bien servir deux maîtres à la fois, et qu'il est impossible de satisfaire le corps et plaire à Dieu en même temps.

Le but de la plupart de nos désirs est de nous procurer les agréments de la commodité dans notre vieillesse, et nous mettre à notre aise dans le temps que nous touchons de plus près à notre fin. Tout le monde craint de manquer de commodité à cet âge, sans considérer que la moindre partie de la vie de l'homme est celle de cinquante ans jusqu'à la mort; outre qu'il est fort incertain si même on l'atteindra. La commodité appelle les vices ; et ceux-ci nous attirent la colère de Dieu et nous précipitent enfin dans l'enfer. Mais, dira-t-on, la commodité est comptée pour une bénédiction du ciel. J'en conviens, si l'homme s'en sert sans s'y attacher ; mais l'usage qu'on en fait ordinairement change cette faveur du ciel en malédiction. Si les commodités n'étaient pas un obstacle au salut, le Seigneur n'aurait pas dit : *Il est plus facile à un chameau de passer par le trou d'une aiguille qu'à un riche d'entrer dans le royaume de Dieu.* Le Lazare, couvert d'ulcères, accablé de misères, attirant la compassion des chiens mêmes, passe de cet état dans celui de la félicité ; pendant que le riche, du sein de l'abondance et des commodités, est précipité dans les enfers. Ceci me paraît bien mériter un moment de réflexion.

DE LA COMPLAISANCE.

a complaisance est fille de la civilité : elle insinue aisément l'homme dans l'estime des autres. Elle est le nœud d'une amitié constante ; et, outre cela elle force souvent des gens, naturellement brusques, à nous faire honnêteté. Tout le monde trouve son compte avec un homme qui est complaisant ; car son commerce est agréable. Il semble qu'il sympatise avec tous ceux avec qui il converse ; c'est pourquoi sa conversation ne saurait que plaire à tous ceux qu'il pratique. Il engage souvent à la reconnaissance des gens qui n'y sont rien moins que portés. La complaisance prouve qu'on sait vivre : c'est une marque sûre d'une heureuse naissance. Elle sait distinguer un homme sans le porter à l'envie ; car l'envieux même se sent touché de ses manières obligeantes. Enfin, c'est un caractère qui charme tout le monde.

Mais avec tout cela, comme l'excès en toutes choses ne vaut rien, de même la complaisance, quand elle sort des bornes de la bienséance, nous attire du mépris, ou nous fait passer pour dupe ; ainsi, il me semble qu'on ne la doit jamais laisser seule, mais la faire toujours accompagner du jugement et de la prudence, sans quoi elle perd tout son mérite, et nous expose à la moquerie des autres

DE LA DÉCOUVERTE DES LETTRES.

La cause de l'ignorance dans laquelle nous sommes touchant ce qui s'est passé dans le monde avant le déluge est que, dans ces premiers temps, on n'avait aucune connaissance des lettres, que tout ce que Noé et ses enfants sûrent des affaires du premier âge du monde n'a pu être transmis à la postérité que par tradition de père en fils ; car l'alphabet n'a été découvert que depuis le déluge. M. Léon Fiorav dit que ce fut à Troyes que Nestor inventa les dix-huit premières lettres, et que Diomède trouva les trois suivantes. C'est à ce propos qu'un bel esprit de France a fait les vers suivants :

> C'est de là que nous vient cet art ingénieu'
> De peindre la parole et de parler aux yeux,
> Et, par des traits divers de figures tracées,
> Donner de la couleur et du corps aux pensées.

Strabon dit qu'au commencement on écrivait avec le doigt dans la cendre, ensuite avec un couteau sur l'écorce des arbres; puis après sur des feuilles de laurier avec le pinceau, avec le plomb sur le parchemin, auxquels ont enfin succédé le papier et la plume. La première encre dont on s'est servi fut tirée d'un poisson nommé Zibius. Le suc des mûres sauvages prit sa place; à celui-ci succéda la suie; le cinable et le vert de gris furent ensuite employés à cet usage; et enfin on inventa l'encre, dont nous nous servons aujourd'hui.

Certainement, de tout ce que l'homme a trouvé pour son utilité, rien n'est comparable à l'invention des caractères : car c'est par leur moyen que, comme par une espèce de lunette d'approche, nous pouvons voir dans les siècles les plus reculés, et que, comme par un porte-voix, nous pouvons parler à la postérité jusqu'à la fin du monde. Quand on réfléchit jusqu'où peut aller l'esprit humain par sa pénétration, on ne peut que convenir, avec saint Augustin, que rien n'est au-dessus de l'esprit humain, si ce n'est Dieu; ce qu'un poète français a heureusement exprimé dans le sonnet suivant:

Emprisonner le temps dans sa course violente,
Graver sur le papier l'usage de la voix,
Tirer d'un vers l'éclat et l'ornement des rois,
Rendre par les couleurs une voix très-parlante;

Donner au corps de bronze une âme foudroyante,
Sur les cordes d'un luth faire parler les doigts,
Savoir apprivoiser jusqu'au monstre des bois,
Brûler avec un verre une ville flottante ;

Fabriquer l'univers d'atomes assemblés,
Lire du firmament les chiffres étoilés,
Faire un nouveau soleil dans le monde chimique;

Dompter l'orgueil des flots et pénétrer partout,
Assujettir l'enfer dans un cercle magique,
C'est ce qu'entreprend l'homme, et dont il vient à bout.

Voilà bien des belles choses assurément; mais avec tout cela, il y en a de bien plus merveilleuses que nous ne connaissons pas. Contentons-nous donc de celles-là, et admirons comment le temps découvre, peu à peu, aux hommes les secrets de la nature; et seize cent cinquante-six ans, depuis la création du monde jusqu'au déluge, se sont passés sans qu'il ait donné aux hommes aucune connaissance des caractères ; soyons assurés que nos descendants découvriront encore des secrets que nous ignorons, et cela avec d'autant plus de facilité, que notre siècle leur laisse un plan tout fait dans les sciences, et très-propre à porter tout d'un coup la spéculation plus loin que Noé et ses enfants n'ont pu faire après le déluge, puisqu'ils ne savaient rien que par tradition de père en fils; d'ailleurs il y a beaucoup d'apparence qu'entre tant de générations il s'est trouvé quelquefois des menteurs, qui ont augmenté ou diminué la vérité. Au reste, il semble que, dans le temps où nous vivons, les vices et les sciences s'approchent de nous d'un pas égal, à mesure que l'ignorance et la vertu s'éloignent. Malheureux siècle, où les vices s'augmentent et les vertus diminuent !

DES JUREMENTS.

Chaque péché a quelque fausse apparence de satisfaction, excepté le jurement : car, outre qu'on offense Dieu par là, il y a encore de l'impolitesse à affirmer tout ce qu'on dit par des serments, caution peu sûre de la vérité de ce qu'on avance. Le sage ne confirme guère ses paroles par des serments ; car il aime mieux qu'on y ajoute pas de foi, que de persuader les gens à force de jurer, ce qui sent l'impie et offense Dieu.

Jurer est l'ordinaire du hableur ; et je crois que c'est pour remplir le vide de son discours, qu'il le larde de faux serments, et qu'aux dépens de son âme, il veut faire honneur à ses paroles, qui ne font que fendre l'air : c'est une marque sûre du peu de soin qu'il a de son salut. J'ai observé qu'ordinairement les grands jureurs ont plusieurs vices; il sont, pour la plupart malheureux dans ce monde, et finissent leur vie misérablement. Car, *l'homme qui jure beaucoup est remplit d'iniquités, et le bras de la vengeance divine est levé sur sa maison.* Enfin, c'est une très-vilaine coutume d'avoir le diable à tout moment dans la bouche, et de ne pouvoir rien dire sans prendre cet esprit de mensonge à témoin. Je me souviens, à ce propos, d'avoir entendu parler d'un homme qui avait le malheur d'être un grand jureur, lequel après en avoir été souvent réprimandé de son confesseur, eut à la fin, pour pénitence, d'arracher un bouton de son juste-au-corps à chaque serment qu'il ferait, et de n'y point en remettre d'autre. Cette pénitence parut d'abord fort aisée à ce pécheur ; mais elle lui devint dans peu insupportable; car, au bout de vingt-quatre heures, il n'avait plus d'habits à mettre : de sorte que la crainte de se voir obligé de faire tous les jours de nouveaux habits, lui fit bientôt perdre l'habitude de jurer. Au reste, l'impie, dans ses malheurs, s'abandonne ordinairement aux juremens et aux blasphêmes, au lieu que l'homme qui a de la foi a recours à Dieu

DES COMETES.

Les gens ne craindraient pas tant les comètes, s'ils avaient la conscienso bonne ; mais celle-ci leur fait appréhender, même dans les accidents les plus indifférents, que le ciel, las de les supporter, ne veuille enfin leur faire porter la juste punition de leurs crimes.

Les comètes ne proviennent que d'une cause naturelle, et paraissent aussi bien aux nations qui triomphent dans une guerre qu'à celles qui en sont désolées. On n'a qu'à lire le père Zani, dans son *économie merveilleuse du monde*. Il comprend trois cent quarante-cinq comètes depuis le déluge, et marque même tout ce qu'elles ont pronostiqué de biens aux uns et de mal aux autres. On voit bien des pays ruinés par la guerre et dépeuplés par la peste, sans avoir vu auparavant aucune comète. Je ne vois pas non plus pourquoi on veut qu'une comète doive servir d'avertissement aux hommes pour changer de manière de vivre : car nous avons la parole de Dieu qui nous avertit assez des suites malheureuses du péché, et qui est bien plus sûre et plus digne de notre attention que les comètes. Si Abraham répondit au mauvais riche lorsqu'il le pria d'envoyer quelqu'un des morts pour avertir ses frères qu'ils changeassent de vie, que, *ne croyant pas aux prophètes et à la parole de Dieu, qu'ils avaient en main, ils ne se laisseraient pas non plus persuader, quand même quelqu'un des morts reviendrait au monde,* il n'y a pas d'apparence qu'une comète, étant une chose naturelle, puisse faire de grands effets sur la conscience des impies. Je me souviens de la grande comète de l'année 1689. Elle fut vue en Turquie aussi bien qu'en Allemagne ; et si, comme on le prétend, elle menaçait les Allemands du siége de Vienne, elle devait aussi présager aux Turcs la perte de Bude, et de tant d'autres places qui leur furent enlevées ; et si le commencement de cette guerre fut favorable aux Mahométans, la fin en fut encore plus glorieuse aux Chrétiens. Enfin, il me semble qu'il y a apparence que les femmes, qui, naturellement craignent tout ce qui est extraordinaire, ont été les premières qui aient mis les comètes en réputation ; car, comme dit Strabon, Lib. VII. Georg., *les femmes ont inventé la superstition.*

DES EFFETS D'UNE JOIE SUBITE.

Il est certain que, comme une nouvelle fâcheuse et inopinée cause un saisissement de cœur qui est souvent mortel, un vif sentiment d'une joie à laquelle on n'est pas préparé peut aussi produire le même effet. Aulu-Gelle fait mention d'un certain Diagoras, de l'île de Rhodes, lequel ayant trois fils, tous excellant dans leur profession, l'un dans les armes, l'autre à la lutte, et le troisième à la course, dit que ces trois fils, ayant été aux jeux olympiques, qui se célébraient tous les quatre ans, causèrent à leur retour tant de joie à leur père, en lui présentant les couronnes qui étaient le prix de leur victoire, que ce bon vieillard expira de joie au milieu de la grande place de la ville, aux acclammations du peuple, qui, en lui jetant des fleurs, le félicitait du mérite de ses enfants. Ce charmant et imprévu spectacle avait tellement saisi le bon Diagoras, que n'attendant après cela rien de semblable dans la vie, il la quitta, noyé dans un torrent de joie. L'histoire romaine parle aussi d'une certaine vieille femme, qui, ayant reçu la nouvelle de la mort de son fils à la fameuse bataille de Cannes, en fut tellement accablée de douleur, que, depuis, elle vécut dans une tristesse inconcevable, jusqu'à ce qu'un jour elle vit entrer sain et gaillard ce fils dont elle avait si longtemps pleuré la mort. Elle se sentit, à cette vue, saisie d'une joie si subite et si excessive, que, de crainte que ce ne fût un songe, son âme l'abandonna à l'instant, pour aller dans l'autre s'éclaircir si son fils n'y était point

DE LA CONDUITE D'UN CERTAIN... A MON ÉGARD.

La conduite de..., à mon égard, me fait souvenir d'un conte qu'on m'a fait d'un certain jeune prince, lequel se trouvant un jour à la chasse saisi de froid, dit à son page : Donnez-moi mon manteau ; ce que son gouverneur ayant entendu, il lui dit : Monseigneur, il faut que Votre Altesse sache que les grands princes, en parlant de leur personne, doivent toujours parler au pluriel, et dire : Donnez-nous notre manteau. Le prince ne manqua pas ensuite d'observer exactement cette leçon, et dit un jour à son gouverneur : Monsieur, nos dents nous font mal. Sur quoi le gouverneur, souriant, lui dit : Pour les miennes, Monseigneur, elles ne me font aucune peine ; à quoi le prince, un peu mortifié, répondit : Je vois bien, Monsieur, que le manteau doit être le nôtre, et le mal de dents le mien.

Il arrive assez ordinairement que ceux avec qui on a généreusement partagé sa prospérité, refusent de prendre la moindre part à nos disgrâces. Rien ne vieillit plutôt que les bienfaits ; et, comme les vieilles choses sont aujourd'hui hors de mode, ainsi tout se fait à la manière de Mandrabule.

Ce Mandrabule, à ce que dit l'histoire, fit à Junon un vœu de lui offrir, tous les ans, un mouton d'or, si elle lui faisait trouver un trésor ; ce que cette déesse intéressée lui accorda. Le gaillard ne manqua pas de tenir sa parole la première année, mais l'année suivante, il crut qu'un mouton d'argent suffirait ; et la troisième, il n'apporta, pour tribut, qu'un mouton de fer. Faisant ensuite réflexion qu'étant fort à son aise, il pouvait se passer du secours de la déesse, il crut pouvoir se dispenser de lui faire de nouvelles offrandes. Voilà la méthode ordinaire de l'esprit humain. Je puis le certifier par expérience ; mais n'importe, un homme accablé d'autant de différentes disgrâces que moi, n'a presque pas le loisir de réfléchir sur l'oubli d'un ingrat, dont je suis sûr que sa conscience me vengera un jour.

DE L'ORAISON.

La prière nous purifie et la lecture nous instruit, dit saint Bernard. Rien n'est plus juste que de rendre de fréquents hommages à Dieu par la prière; et rien n'est plus utile que d'implorer souvent l'assistance du Très-Haut, qui tient notre sort entre ses mains. La lecture des livres de science et d'histoire est utile pour l'esprit et pour la conduite de l'homme dans ce monde, mais l'avantage qu'on en tire finit avec la vie : au lieu que la prière assidue ne nous met pas seulement sous la protection du ciel pendant que nous sommes sur la terre, mais nous procure encore la félicité éternelle, que tous les fidèles espèrent un jour par les mérites de Jésus-Christ. De sorte que, comme dit saint Augustin, l'oraison et la prière avancent bien plus une âme que la lecture. Cela étant, il est donc nécessaire à l'homme de savoir tout ce qui est à observer à l'égard de l'oraison, ce que saint Bernard nous enseigne par ces paroles : trois choses sont nécessaires pour chercher Dieu : le temps, la manière et le lieu. Pour le premier, saint Basile dit qu'on doit prier toute sa vie; pour le second, saint Chrysostôme nous apprend que la prière doit être courte et réitérée; car, comme dit saint Bernard, la vraie prière vient du cœur, et non des lèvres; et, pour le troisième, le même nous avertit que la prière aime le secret. Ordinairement, ceux qui affectent de paraître dévots devant le monde, ne se servent guère de ces règles, mais ils se donnent avec soin tous les jours en spectacle dans les églises ; on les y voit se morfondre tous les jours, des heures entières, aux pieds d'un crucifix, ou bien de quelque saint, avec plus d'ennui que de dévotion. Je voudrais qu'ils se souvinssent des paroles du Sauveur, quand il dit : Que tous ceux qui disent : Seigneur, Seigneur, n'entreront point dans le royaume de son père ; mais celui qui fait sa volonté. Enfin, la véritable oraison doit être courte, fervente, et souvent réitérée; car, dit saint Bernard, la grâce descend sur ceux qui persistent dans la prière.

DU JEUNE.

Saint Jérôme appelle le jeûne la mère de la santé et le bien-être du malade. Il est bien certain que jeûner quelquefois n'est pas moins sain pour le corps que pour l'âme; mais j'entends jeûner comme on faisait au bon vieux temps, où on ne mangeait rien de toute la journée, jusqu'à ce que les étoiles parussent au ciel. Il est vrai que toutes les complexions ne sauraient supporter une pareille abstinence sans s'incommoder. C'est pourquoi l'Eglise a trouvé à propos de changer le jeûne en maigre, comme une nourriture plus propre à soutenir la vie, qu'à donner des forces superflues au corps, qu'on a peine d'assujettir à l'esprit lorsqu'on le traite avec plus de délicatesse. Elle a même pris l'usage, mais inutile précaution, de défendre tout excès en maigre, les jours qu'elle a consacrés au jeûne. Si notre siècle corrompu en abuse aujourd'hui, usant du maigre comme du gras, je veux dire sans modération, ce n'est pas la faute de l'Eglise, qui n'a institué le jeûne en maigre que dans la louable intention de plaire à Dieu et de procurer l'utilité de l'âme ; mais c'est la faute du mauvais chrétien, qui méprisant le commandement de l'Eglise, contente sa gourmandise en maigre aussi bien qu'en gras, et donne par-là du scandale aux ennemis de la religion. Il n'est rien de plus condamnable que de voir quelquefois des gens soutenir le mérite du jeûne, pendant qu'ils poussent au nez de leur antagoniste des vapeurs causées par l'excès qu'ils viennent de faire en maigre. J'ai bien connu des gens de ce caractère, qui, aimant naturellement mieux le maigre que le gras, ont fait plus de dépense dans un repas de carême qu'en dix autres de carnaval. Enfin, il est sûr que celui qui jeûne conformément au commandement de l'Eglise, fait le devoir d'un chrétien, et donne à connaître qu'il sert volontiers Dieu. Au reste, le vieux Testament, aussi bien que le nouveau, nous instruit du mérite du jeûne : c'est pourquoi, il faut en faire usage pour dompter le corps et soulager l'âme, puisque le jeûne, dit le même père, donne des armes pour combattre le diable.

DE L'ARGENT.

L'argent, chez les mortels, est le souverain bien,
C'est par lui qu'on arrive au but qu'on se propose :
Avec un peu d'argent un homme est quelque chose ;
Un homme sans argent est un peu moins que rien.

Sans le louis d'or personne ne brille, et un homme farci de ducats est encensé en idole. Dans ce monde, il peut tout ce qu'il veut, car tous ambitionnent ce qu'il possède. Toutes ses paroles sont admirées, et tous ses regards payés par des révérences. La flatterie lui fait la cour, et l'avarice augmente le nombre de ses amis. Si c'est un sot, le public ne s'en aperçoit pas, car il bouche les oreilles avec des pistoles, et, s'il est mal bâti, on ne saurait le voir, car l'or dont il brille éblouit la vue. S'il est de basse naissance, personne ne se souvient de son père. S'il veut faire fortune à la guerre, il fait ses campagnes sans sortir de chez lui ; et s'il veut se pousser dans les affaires, son berceau déposera en faveur de sa capacité. Les marchands trouvent qu'il est le seigneur le plus accompli de la ville. S'il éternue, tous les assistants craignent que ce soit un rhume, et s'il lui échappe un vent de l'estomac, tous mes sots s'empressent de le saluer. S'il a mal aux dents, on ne veut pas permettre qu'il se les fasse arracher, de crainte de gâter son beau râtelier; et s'il a le hocquet, les vieilles appréhendent pour sa vie.

DES RÊVERIES DE MA SOLITUDE.

La pauvreté et l'extrême vieillesse sont des choses tristes chez les pauvres humains. Je m'aperçois bien de cette vérité, mais que faire? Il faut, par la patience, adoucir la première, rendre la seconde supportable, avec le secours de la raison. Je ne veux absolument pas me chagriner de l'une, pour ne pas me rendre l'autre plus onéreuse, et je suis résolu d'attendre la fin de l'une et de l'autre, au moins avec tranquillité. Il est vrai que ma mauvaise santé augmente beaucoup le fardeau de mes autres disgrâces mais il est juste aussi que me l'étant attirée pour avoir autrefois trop flatté mon corps, ce sac de terre reçoive enfin la peine qu'il n'a que trop méritée. Ceux que j'ai cru de mes amis me tournent présentement le dos ; mais je veux, en les épargnant, leur apprendre que je n'étais pas indigne de leur estime ; et si je n'ai point de bien à en dire, au moins m'auront-ils l'obligation de ce que je ne publierai pas le mal que j'en sais. Ceux qui voudraient peut-être m'assister par un principe de charité, ne sont pas en état de me soulager entièrement ; et ceux qui le pourraient, s'ils en avaient la volonté, sont insensibles à la misère, et se croient autorisés à l'être sous des prétextes également frivoles et injustes. Dieu veuille récompenser les premiers de leur bonne volonté et pardonner aux seconds leur aveuglement et leur dureté. Tout le monde me flatte de l'agrément de ma conversation; mais personne ne me soulage dans ma solitude; de sorte que je puis bien dire, avec le poète français :

> Tout le monde me veut du bien;
> Chacun dit que je le mérite :
> Moi-même, je le crois, sans faire l'hypocrite,
> Mais la fortune n'en croit rien.

Qu'importe! il faut s'en consoler, par la réflexion que la fortune ne consiste que dans l'imagination, et que notre bonheur et notre malheur dépendent de l'idée que nous en avons et non pas de celle d'autrui, c'est en vain que tout le monde s'accorde à nous croire malheureux, tandis que nous ne pensons pas de même. Cela étant, il dépend de chacun d'être heureux ou malheureux. Je veux donc être des premiers, en me représentant tout ce qui me manque comme des bagatelles; car effectivement tout ce que l'homme désire dans cette misérable vie n'est autre chose; et comme la nature, grâce à Dieu, m'a donné du bon sens, pourquoi n'en ferais-je pas usage pour concevoir un généreux mépris des choses dont je n'ai que trop éprouvé le funeste pouvoir, et dont la possession pourrait me replonger dans le gouffre des vanités du monde et dont j'ai eu tant de peine à me tirer? Il vaut mieux ne rien posséder et être libre que d'avoir tout ce qu'on peut souhaiter en ce monde, et être l'esclave éternel de ses passions. Il faut oublier la commodité, ignorer les vains plaisirs, éteindre les convoitises criminelles, régler ses désirs à la mesure de son pouvoir, compter pour rien tout ce que les autres possèdent.

DES MOYENS DE CONSERVER LA SANTÉ

Dans la jeunesse, on ne s'occupe qu'à la découverte de nouveaux plaisirs ; et, dans la vieillesse, on fait son unique occupation de s'informer de ce qui peut apaiser les douleurs et conserver le peu de santé qui nous reste. C'est dans la vue d'épargner ces soins inutiles que je vais faire part de quelques remarques, dont l'observation conduira infailliblement à une vieillesse moins infirme que la mienne. La première règle est de fuir les lieux où l'air est épais, humide ou trouble, et où les grands vents règnent beaucoup ; se tenir toujours la tête, les pieds et l'estomac chaudement, et se garder, autant qu'il est possible, de l'air de la nuit, qui est plus dommageable à la santé que tout autre.

La seconde consiste à ne manger que quand on a faim, à ne boire jamais sans soif, et à ne commettre aucun excès, ni dans l'un ni dans l'autre ; à s'abstenir d'une trop grande diversité de mets à un même repas, et à se lever toujours de table avec appétit ; à ne point manger le soir, ou au moins à souper très-légèrement, à jeûner tous les dix jours une fois pour donner du repos à la nature, et à ne jamais boire entre les repas, ni après minuit.

La troisième consiste à se coucher de bonne heure

et se lever de bon matin ; car sept heures de sommeil suffisent pour le repos de l'homme : un plus long sommeil est nuisible à la santé. Ne dormir jamais après le dîner, et, si l'on ne peut s'en empêcher, que ce soit au moins dans un fauteuil, et qu'on n'y emploie tout au plus qu'une demi-heure. Ne faire jamais des exercices de corps ou d'esprit immédiatement après le repas ; car alors il est aussi malsain qu'il est salutaire dans un autre temps ; et quoique l'exercice, selon Hypocrate, soit le plus sûr moyen de conserver la santé, néanmoins, il ne faut jamais le pousser si loin que l'on en soit entièrement fatigué.

La quatrième est de donner un libre cours à la nature, quand elle demande quelque évacuation nécessaire, et ne pas se forcer à retenir ce dont la nature veut être déchargée, et sitôt qu'on se sent quelque pesanteur d'estomac, s'abstenir de toute sorte de nourriture.

La cinquième est d'user des plaisirs avec une m dération qui prévienne tout épuisement, de les goû ter seulement, sans se livrer jamais à une satiété portée à l'excès ; en un mot, d'en jouir, mais ne s'en laisser jamais posséder.

La sixième est de ne se laisser pas trop abattre par le chagrin ; car l'étroite liaison qu'il y a entre le corps et l'esprit, fait que l'un ne saurait souffrir sans troubler aussitôt l'économie de l'autre.

Si le monde observait bien ces règles, on ne verrait guère de gens malades avant l'expiration du terme de leur vie ; mais, par malheur, les hommes sont ainsi faits : ils ne connaissent le prix de la santé que quand ils l'ont perdue.

DE LA VANITÉ DE LA PLUPART DE NOS PROJETS.

L'homme passe la plus grande partie de sa vie à former des projets ; et, après avoir bâti une infinité de châteaux en Espagne, à peine se trouve-t-il à la fin de ses jours possesseur d'une misérable cabane, où il puisse se reposer du travail et des peines qu'il a essuyées avant que d'arriver à la vieillesse. L'espérance, si naturelle aux mortels, fournit à leur imagination de quoi fabriquer de gros palais en l'air, pendant que la bizarre fortune leur refuse une misérable habitation sur la terre. On se flatte souvent d'une félicité à venir, pour laquelle on néglige la réalité d'une commodité présente. Les desseins de l'homme ressemblent aux fusées qui montent dans l'air avec rapidité, et réjouissent quelques moments la vue des spectateurs, mais qui, venant à s'éteindre, ne leur renvoient que les bâtons auxquels elles étaient attachées. De même, nous n'avons souvent de nos projets que la peine de les avoir formées et l'inquiétude inséparable de l'attente d'un succès, qui se perd enfin et se dissipe en l'air. Le meilleur est de s'en remettre à la direction de la Providence, et de se contenter de la part qu'elle nous a faite sans gober le vent d'une espérance fondée sur la vanité de quelques projets chimériques.

DU REPOS.

Le sage connaît le prix du repos ; mais heureux celui qui en peut jouir ! c'est l'objet le plus raisonnable des vœux que peut faire un homme rebuté d'avoir employé sa jeunesse à courir après les vanités de la terre ; car ce n'est que dans le repos qu'il peut se délasser du travail de sa vie passée. Il faut pour cela se détacher entièrement de tout ce qui peut troubler la tranquillité, et renoncer absolument et sans retour à tout ce que le monde appelle fortune, à laquelle il faut tourner le dos, pour pouvoir se dire véritablement heureux ; car, tout bien considéré, il me semble qu'il n'y a point de grandeur, de richesses, ni d'honneurs sans inquiétude. Aussi, les favoris de la fortune ne peuvent être estimés heureux ; et celui qui vit en repos dans quelque honnête retraite, connaît mieux les douceurs d'une vie sans agitation, que ceux qui s'imaginent les goûter sur l'inconstante roue de l'aveugle fortune. Voici le portrait du repos, qu'un poète français a fait avec esprit :

> Mon fils écoute, je te prie,
> Ce qui fait une heureuse vie :
> Point de souci, point de procès,
> Un feu qu'on éteigne jamais,
> Assez de biens acquis sans peine.
> Un air aisé, point de Climène,
> Des amis égaux, le corps sain,
> Être prudent, sans être fin,

Peu de devoirs, point de querelles,
Une femme de bonne humeur,
Mais au fond pleine de pudeur;
Etre complaisant et facile ;
Un sommeil peu long, mais tranquille,
Etre satisfait de son sort,
Quel qu'il soit, ne s'en jamais plaindre.
Et regarder venir la mort,
Sans la désirer ni la craindre.

MAINARD.

Voilà ce qui peut raisonnablement passer pour fortune dans ce monde, mais qu'il prend un soin extrême de cacher à la plupart des mortels, en les aveuglant par l'ambition et l'avarice ; afin qu'ils ne puissent distinguer la vraie félicité d'avec la fausse. L'âge, à qui ordinairement est réservée la sagesse, découvre aisément cette vérité ; car ayant déjà éprouvé, dans la jeunesse, la vanité des passions, il ne saurait que les détester et qu'envisager le repos comme l'unique but de tous ses désirs. Nous lisons, dans l'histoire, que Platon, Marius, Lucullus, Scipion Périclès, Sénèque et Dioclétien, ont tous appuyé cette vérité de leurs exemples, en préférant, à la fin de leurs jours, la paisible retraite de leurs jardins, au trône et au sceptre, et qu'ils trouvèrent plus de satisfaction à cueillir en liberté leurs asperges, qu'à se voir couronnés de lauriers dans toute la pompe d'un jour de triomphe, au milieu des acclamations de la ville de Rome.

DES TESTAMENTS.

La méthode de tester avant la mort a apparemment été introduite pour prévenir la désunion et les disputes entre les héritiers, ou bien pour favoriser ceux pour qui, pendant sa vie, on a eu une affection particulière ; mais aujourd'hui un testament est une source féconde de procès et de haine dans les familles, et un testateur ne saurait guère prendre de moyen plus efficace pour empêcher l'exécution de ses dernières volontés. Les uns accusent le testateur de partialité et d'injustice, et les autres prétendent que le défunt n'a eu ni le droit ni le pouvoir de disposer à sa fantaisie de tel ou tel bien, etc., de sorte qu'un testament est souvent une pomme de discorde dans une famille. Outre qu'aujourd'hui il est rarement exécuté selon l'intention du défunt, il marque, ce me semble, une opiniâtreté de volonté dans le temps qu'il serait à souhaiter qu'il n'en sentît aucune. Ainsi, je crois que quand on veut faire du bien aux gens, il vaut mieux le faire pendant qu'on est en vie, que d'attendre à leur donner des marques de sa bonne volonté lorsqu'on n'est plus en état d'en recevoir les remerciments. *Ante mortem bene fac amico tuo* : afin qu'on soit sûr de son don, et qu'on puisse être témoin de la reconnaissance qu'il mérite ; outre que donner lorsqu'on n'est plus en état de jouir soi-même, n'est rien moins qu'une marque d'une amitié peu tendre. Pour moi, certainement, si j'avais du bien, je voudrais le partager avec mes amis pendant ma vie, et je coucherais mon testament en trois mots : Attrape qui peut.

DE L'EXEMPLE

Les bons exemples portent efficacement l'homme à la vertu, comme les mauvais au vice. Le méchant s'affermit dans le crime, par la pensée qu'il n'est ni le seul ni le premier qui le commette.

Le bon exemple est un flambeau, dont la lumière nous montre le bon chemin et nous fait éviter les mauvais pas; au lieu que le mauvais exemple semble autoriser le scélérat dans ses projets criminels. Les exemples que nous ont laissés ceux qui ont vécu avant nous, nous apprennent quelle peut être l'issue des desseins que nous formons. Ils encouragent le sage à marcher constamment dans la carrière de la vertu, et ne sont pas moins propres à détourner le vicieux de son mauvais train. Un homme que la lecture n'a pas instruit des divers événements n'est capable ni de former des projets avantageux, ni de juger de l'issue que peuvent avoir les affaires. Les exemples sont comme de bonnes lunettes d'approche, par le moyen desquelles ont peut distinguer de loin le bien d'avec le mal. C'est par eux qu'on se fait un fondement de capacité, soit pour la guerre, soit pour le ministère; car, si on devait tout apprendre pour sa propre expérience, il faudrait une vie de patriarche pour rendre un homme habile. Les bons exemples que fournit la lecture sont un puissant aiguillon, qui fait faire les derniers efforts pour atteindre à la vertu, qui fait les grands hommes quelquefois à un âge peu avancé. Enfin, heureux celui à qui le bon exemple sert de règle, et le mauvais d'avertissement et de préservatif

DE LA DISCORDE DANS LA BONNE FORTUNE
ET DE L'UNION ENTRE LES MALHEUREUX.

J'ai observé que la bonne harmonie entre ceux qui sont maltraités de la fortune est toujours plus sincère qu'entre ses favoris. Je m'imagine que la cause de cette différence est que, les uns aspirant tous au même but auxquels ils s'efforcent de parvenir, se rompent souvent en visière, se choquent, se poussent, se heurtent sans aucun ménagement, dans la pénible et glissante carrière des honneurs auxquels ils aspirent à l'envi ; au lieu que les autres, vivant dans l'obscurité, n'ont rien à craindre de l'empressement de leurs semblables. On dirait que les influences, contraires aux malheureux, forment entre eux cette liaison, comme l'unique consolation que la rigueur de leur sort veut bien leur accorder.

Au lieu que les influences favorables font germer dans l'esprit et dans le cœur des gens fortunés des semences de division, qui ne sauraient être arrachées que par leur chute et leur disgrâce. Cependant, le peut d'union des ministres entre eux est un grand avantage pour le prince. Car, d'un côté, l'envie de culbuter un compétiteur, et de l'autre, celle de se soutenir malgré la jalousie, les engage tous à s'acquitter de leur devoir avec ponctualité ; au lieu que, quand les ministres s'entendent bien, c'est ordinairement aux dépens du souverain. Je sais bien qu'on prétend qu'une haine secrète entre les conseillers est préjudiciable aux affaires ; mais cela se doit entendre quand le prince manque de jugement pour choisir le meilleur conseil, ou de fermeté pour se faire obéir. Enfin les enfants de la fortune jouissent rarement des douceurs d'une amitié tendre et sincère : c'est un bien qui semble réservé pour être la consolation des malheureux.

DE LA TRANQUILLITÉ.

La vraie félicité repose dans la tranquillité de l'esprit et la santé du corps. J'en conviens ; mais il me semble que s'il était aussi aisé à l'homme de se guérir de toutes sortes de maux de corps comme il lui est possible de se tranquilliser l'esprit par le secours de la raison, l'Italien aurait tort de dire qu'il vaut mieux éprouver les souffrances du corps que celles de l'esprit. La volonté permissive de Dieu, sans laquelle aucune disgrâce ne nous saurait arriver, doit toujours être adorée et nous porter à être contents de notre sort ; et la raison enseigne que toute agitation d'esprit est inutile, lorsque le mal est sans remède. L'inquiétude, pendant qu'on est entre la crainte et l'espérance sur l'issue d'une affaire, me paraît plus raisonnable que le chagrin quand on est dans le malheur; puisque dans la première situation, le peut être peut aussi bien tourner du mauvais côté que du bon ; au lieu que dans la seconde, on est sûr de son malheur, auquel la raison veut qu'on s'accommode, puisque le sort ne saurait changer par l'impatience ; de sorte qu'il vaut incomparablement mieux se soumettre au décret du ciel, et se consoler par l'espérance ; que, comme tout est sujet au changement, l'infortune ne saurait manquer d'avoir aussi son terme. Nous avons, dans l'histoire, une infinité d'exemples des révolutions de la fortune, qui se plaît à tirer les gens de la poussière pour les élever aux premières places, afin de se procurer ensuite le plaisir de les précipiter dans leur première obscurité. Après tout, rien de tout ce qui doit finir n'est supportable.

DE LA PÉNITENCE.

La pénitence tardive est nulle, dit saint Cyprien. Cela étant, il ne faut pas différer un seul moment à implorer la miséricorde de Dieu, afin qu'il nous fasse la grâce de pouvoir faire une sincère pénitence de nos péchés, et suivre l'avertissement de saint Augustin : Faites pénitence dans le temps que vous pouvez pécher. Pour commencer donc d'une manière convenable, retirons-nous de toutes occasions qui nous pourraient séduire ; car la marque d'une vraie contrition est la fuite de l'occasion, dit saint Bernard ; c'est, assurément, la partie la plus difficile de la pénitence, et la plus sûre marque d'une sincère conversion, puisqu'ayant une fois ouvert le passage, tout le reste se fait avec plaisir. Après la pénitence, une vertu pousse à une vertu, dit saint Grégoire, et continuant de la sorte jusqu'à la fin, avec une vive confiance aux mérites de Jésus-Christ ; car la pénitence *sans la foi est inutile* ; nous pouvons mourir, avec espérance d'obtenir miséricorde.

Ne différons donc pas à nous repentir d'avoir offensé Dieu ; pleurons nos péchés avec saint Pierre, repentons-nous avec la pécheresse, et espérons la miséricorde avec le bon larron. Evitons le monde ; cherchons la solitude ; mortifions notre chair ; noyons nos passions criminelles dans les larmes ; étouffons notre orgueil dans le sac et la cendre ; changeons notre avarice en libéralité ; notre gourmandise en jeûne ; sacrifions notre envie à la charité, et notre paresse au désir d'être utiles au prochain. Voilà les marques de la vraie pénitence, laquelle, sous les auspices du Sauveur, nous obtient le pardon de nos péchés, et nous conduit à la vie éternelle.

—

CARACTÈRE DE NOTRE SIÈCLE.

On ne serait pas peu embarrassé à trouver des expressions propres à bien représenter les mœurs de notre siècle, si on se proposait de les peindre au naturel et de les faire connaître telles qu'elles sont. Le philosophe Arimon décrivit autrefois l'abondance de l'Egypte de son temps ; Thucidide, les richesses de la grande Tyr ; Asclèpe, les manières de l'Europe; Dodrille a fait l'éloge de la Grèce ; Borré, celui de l'opulence et du bon air dont jouissaient les contrées de la Scandie; Euménion, du bon gouvernement et de la police d'Athènes ; Apollonius, de l'abstinence et de la continence des académiciens; Favorinus parle des vertus de son maître Aulugelle ; Plutarque étale l'esprit des dames de la Grèce et les vertus des Romaines ; Diodore de Sicile, celles des Majorcains et des Minorcains habitants de ces îles, qu'on appelait autrefois les Iles Baléares, qui jetèrent, si l'on en croit cet auteur, tous leurs trésors dans la mer, pour ôter, par là, aux étrangers, toute envie de leur faire la guerre.

Mais que pourrais-je écrire à l'avantage de notre siècle ? Si je réfléchis sur la sordide avarice de la plupart de mes contemporains et sur l'indigence du reste, je n'oserais l'appeler le siècle d'or. Je ne saurais faire son éloge, en disant que la vertu y est plus en estime que dans les âges qui l'ont précédé, puisqu'on ne voit de tous côtés que mauvais exemples ; je ne pourrais pas non plus admirer l'esprit qui en fait le brillant, puisqu'on ne l'emploie qu'à la ruine des peuples, qu'à nourrir l'ambition et l'orgueil, et qu'à remplir les coffres de l'avare ; j'ai encore moins sujet de vanter sa prospérité, puisque depuis cinquante-six ans que je suis au monde, il ne s'est passé que de très-petits intervalles sans que l'on ait vu de sanglantes guerres, d'horribles, d'affreuses famines en Europe, tantôt dans une de ses parties, tantôt dans une autre. Qu'aurais-je à dire des sciences ? puisque la jeûnesse ne s'attache qu'à la bagatelle, et que le vice fait son unique étude ! Je pourrais encore moins dire avec vérité, que la sobriété, la chasteté et les autres vertus sont du goût du siècle où nous vivons, puisque la débauche paraît aujourd'hui un attribut essentiel à celui qui veut se donner la réputation de savoir vivre. La vigilance et la sobriété ont entièrement disparu, pour faire place à l'oisiveté et à la débauche. Bien loin de jeter les trésors dans la mer comme les Majorcains, les hommes vont les chercher jusqu'au bout du monde, au péril même de leur vie.

Que dire donc de notre siècle ? Hélas ! il me semble que la nature, lasse de s'occuper au maintien de ses productions et de ses ouvrages, commence à négliger le règlement de l'ordre des saisons ; que les éléments mêmes, fatigués de vieillesse, commencent à perdre leur force et leur vigueur; que les hommes s'éloignent de plus en plus, comme d'une chose antique, de tout ce qui pourrait rendre le genre humain heureux; puisque le vice triomphe de la vertu, la ruse de l'innocence, la malice de la bonté, l'impiété de la dévotion; l'injustice brave les lois, l'avarice se moque de la charité, la fausseté fait son jouet de la franchise, l'envie méprise le mérite, l'incontinence raille la chasteté, l'orgueil foule aux pieds l'humilité, la débauche se rit de la tempérance, et l'oisiveté a le travail en horreur.

Voilà notre siècle tel qu'il est; tous les vices, portés au suprême degré, semblent se réunir pour en former le caractère. C'est un monstre tout composé de vices, sans le plus petit mélange de vertus; de sorte que la mesure des crimes ne pouvant être plus pleine qu'elle n'est, il y a toute apparence que le temps de sa fin approche. Heureux, par conséquent, celui qui est sur ses gardes et qui ne se laisse point entraîner au torrent rapide et bourbeux des insensés du siècle.

DE LA SAGESSE.

Philippe de Macédoine demandait autrefois, dans une conversation, à divers philosophes leurs sentiments sur ce qu'ils croyaient le plus estimable dans le monde. Ils furent fort partagés là-dessus : l'un répondit qu'il donnait ce privilége à l'eau, alléguant, pour raison, que cet élément seul occupait plus d'étendue qu'aucune autre chose qui fût sur la terre. Un autre soutint que c'était le soleil, puisqu'il suffisait pour donner la lumière au ciel, à l'air et à la terre. Un troisième voulait que ce fût la montagne appelée Olympe, dont la cime passe les nues, et dont la hauteur se fait remarquer de bien loin. Le quatrième estimait que c'était le poète Homère, si célèbre pendant sa vie, et si fort estimé après sa mort, que sept puissantes nations entreprirent une san

glante guerre, pour savoir laquelle d'entre elles possèderait ses os pour prix de la victoire. Enfin, le dernier prononça que rien au monde n'était plus grand ni plus considérable que la sagesse, puisqu'elle méprise toutes les grandeurs de cette vie, et que la véritable grandeur consiste à avoir du dédain pour tout ce que le monde admire et que le vulgaire considère. En effet, si l'on y veut bien réfléchir, on ne saurait disconvenir que celui-là mérite plus de gloire, qui méprise cette grandeur, que celui qui la fait acquérir; et que l'homme dont la vertu est seule sa propre récompense, est incomparablement plus digne d'encens que celui dont une statue de bronze doit publier la vanité à la prospérité. Tive-Live, lorsqu'il parle de Marcus-Curius, dit que se trouvant un jour dans sa maison occupé à laver des choux pour les mettre au pot, il reçut les ambassadeurs des Samnites, qui venaient lui offrir une somme d'argent pour l'engager à appuyer de son crédit et de son suffrage la requête qu'ils avaient à présenter au Sénat; mais que ce noble Romain leur répondit de sang froid : « Il faut, Messieurs, offrir une si grande som-
» me à quelqu'autre, qui dédaigne de laver ses

» choux et de les mettre au pot, et qui ne se croie
» guère régalé d'un pareil mets ; pour moi, je ne dé
» sire pas d'autres richesses que de pouvoir com-
» mander à des peuples qui sont maîtres de tant de
» trésors. »

Voilà un véritable héros qui fait tirer autant de gloire de ses choux que des lauriers qu'il s'était si justement acquis par ses grands exploits et ses fameuses victoires. Il n'était assurément pas moins illustre au coin du feu de sa cuisine, que redoutable aux ennemis de Rome, à la tête des armées qu'il commandait. La sagesse donne du relief à tout le monde; elle en fait l'unique et le véritable ornement; mais elle brille surtout quand elle se trouve chez les princes et les grands, qui ne sauraient l'acquérir que par le commerce des personnes distinguées par leur mérite et par leur science, auxquelles seules ils ne peuvent trop se rendre accessibles. Tout prince qui n'a point d'ambition pour la sagesse est ennemi de lui-même, et méprisable aux yeux de tous ceux qui ont quelque discernement, quand même il aurait la fortune de César, les richesses de Crésus, la bravoure d'Alexandre, et le bonheur d'Auguste. En effet, il serait toujours malheureux, puisque sans la sagesse toutes les félicités du monde dépendent du hasard, qui les produit et les détruit, selon le caprice de la fortune, qui se joue également du maître et du serviteur, du roi et du sujet, du riche et du pauvre, et qui semble avoir un pouvoir absolu sur tous les événements qui concernent les affaires des mortels, excepté celles du sage; de sorte que c'est avec raison que M. L. Fioravanti dit également que les princes, en se faisant amis des sages, deviennent à la fin maître de tous.

REMARQUES SUR LES RÉFLEXIONS DE CÉSAR
APRÈS LA BATAILLE DE PHARSALE.

Jules César, après la victoire qu'il remporta sur Pompée, dans les plaines de Pharsale, se retira dans sa tente pour penser mûrement aux moyens de profiter de ses avantages et de réussir dans ses entreprises. On assure qu'il marqua sur ses tablettes les paroles qui suivent :

« Enfin, je commence aujourd'hui à entrer dans
» la carrière de la gloire, où il faut que je me sou-
» tienne en me servant à propos de la victoire, sans
» quoi ma perte serait plus grande que celle que
» vient de faire Pompée. La réputation personnelle
» augmente ou diminue, selon qu'on sait supporter
» sa fortune. Tous mes ennemis, qui sont à présent
» mes prisonniers, seront pardonnés. Tiburtius aura
» la confusion de me voir; je veux aller dans sa ten-
» te et faire ma paix avec lui tête à tête. Je vais pro-
» poser à toutes les personnes d'honneur, qui ont
» suivi le parti de Pompée, le même accord et les
» mêmes conditions que je lui offris hier avant la
» baitalle, en considération de leurs amis qui ont
» été dans mes intérêts. Le pouvoir s'affaiblit lors-
» qu'on s'en sert avec excès, et s'augmente lorsqu'on
» en use avec modération. Galbinus est hautain,
» et il serait capricieux dans la fortune dont il joui-

» rait. Je veux faire venir Sterlinus, car il est mo-
» deste, et sa vertu mérite la faveur que lui pré-
» sente la fortune. Voilà comment je veux agir et
» prendre mes précautions et mes mesures, afin que
» je sois demain en état de me réjouir avec toute
» l'armée; car celui-là n'est qu'un général vulgaire
» qui s'expose comme un soldat particulier dans une
» bataille; mais celui qui, après la victoire, ne té-
» moigne pas plus de joie qu'un soldat particulier,
» est bien plus aimé. »

Il semble que Jules César n'estime pas beaucoup tout ce qu'il avait fait dans la bataille de Pharsale, puisqu'il dit; enfin je commence aujourd'hui; la fortune ne l'avait point ébloui jusqu'à le flatter d'être déjà arrivé à son but; mais, au contraire, la prudence lui inspirait de songer aux moyens de recueillir les fruits de sa victoire. On a bien vu de grands capitaines gagner des batailles, mais peu qui aient su en profiter et en tirer tous les avantages qu'ils auraient pu. César marque ici que la fortune dispose des victoires; mais qu'un jugement mûr, une prudence sage et l'expérience savent seules apprendre. l'usage qu'il faut en faire.

Sa générosité naturelle, qui paraît dans le pardon qu'il veut accorder à tous les prisonniers de guerre, a quelque chose qui frappe ; mais ce qui la fait surtout éclater et qui la met au-dessus de tout éloge, c'est qu'il n'en excepte pas ceux mêmes qui lui avaient porté jusqu'alors une haine implacable. Grand coup de politique ; car, de cette manière, il désarmait aisément le reste de ses ennemis, puisqu'avec une goutte de miel on prend plus de mouches qu'avec dix tonneaux de vinaigre.

Le raccommodement qu'il médite entre quatre yeux avec Tirburtius, fait connaître qu'il avait l'âme belle et capable de chercher, au milieu de la foule, un ennemi de mérite, mais malheureux, pour lui épargner la confusion d'un raccommodement public.

Sa modération dans sa fortune éclatante paraît en ce qu'il ne veut rien changer aux conditions d'abord proposées avant le combat, quoique sa victoire l'eût mis en état de faire la loi aux partisans de Pompée. Ce trait lui est tout-à-fait particulier, et certes il n'a guère d'imitateurs. Il dit que le pouvoir s'affaiblit lorsqu'on s'en sert avec excès, et s'augmente encore de beaucoup par la modération. Je ne sais s'il y a une plus grande et plus belle maxime de politique parmi toutes celles qui se débitent et se pratiquent par les modernes, qui ont pourtant tant de peine à le céder en ce point aux anciens ; en effet, il est certain qu'un homme qui tient en main les rênes de l'Etat, ne sera pas longtemps ce qu'il peut. La liberté, qui a toujours des charmes auxquels les peuples ne sauraient résister, et l'envie, qui tourmente les grands de l'Etat, ne restent assoupies sous la cendre qu'aussi longtemps que le pouvoir sans bornes entre les mains d'un seul homme ne leur choque pas trop la vue.

Jules-César fait voir, outre cela, qu'il est ennemi de la vaine gloire, qu'il la haïssait, puisqu'il en fait à Galbinus un défaut, qui seul est capable de l'éloigner de sa personne ; et qu'au contraire la modestie de Stertinus le charme et le rend digne de son amitié.

Mais, après avoir admiré toutes les maximes de sa

politique, celles dont on est le plus frappé est sa clémence envers ses ennomis particuliers. C'était jouer à coup sûr, pour persuader le public que ce n'était ni par ambition, ni par haine particulière, qu'il avait pris les armes ; mais uniquement pour le bien de la république, couvrant, par cet admirable artifice, son ambition du spécieux prétexte de l'intérêt de la patrie.

Il est à observer que ce grand homme remet au lendemain les réjouissances de l'heureux succès de ses armes et la solennité des sacrifices, parce qu'il ne voulait pas, en se livrant aux mouvements d'une joie hors de saison, perdre les précieux moments de prendre de justes mesures pour tirer tous les avantages possibles d'une victoire heureuse, mais achetée ort cher.

RÉFLEXION D'UN COEUR AFFLIGÉ.

Toutes les adversités qui nous arrivent dans la vie, sont, sans contredit, autant de marques de la bonté divine à notre égard. Si nous réfléchissons bien, nous trouverons que des disgrâces présentes ne sont que de légères punitions des péchés que nous avons commis, punitions que la miséricorde divine nous envoie exprès dès cette vie, afin qu'après une salutaire pénitence, sa clémence puisse, dans l'autre monde, agir en notre faveur sans blesser sa justice. Et quand Dieu voudrait même nous faire souffrir dans ce monde des maux que nous ne nous serions pas attirés par nos crimes, n'est-il pas le maître, et ne peut-il pas faire de son ouvrage ce qu'il lui plaît? Cette méthode a été toujeuas observée à l'égard de ses élus; car par les adversités, il les empêche de tomber dans les filets du monde, de la chair et du diable. La prospérité est souvent un châtiment que Dieu envoie à l'homme, et l'adversité une grâce qu'il lui fait. Si donc Dieu le veut ainsi, conformons notre volonté à la sienne, et tirons de nos croix l'avantage de lui plaire par notre résignation.

C'est lui qui nous tirera de nos peines, ou au moins nous aidera à les supporter. Elles ne sont pas si insupportables que nous nous imaginons : c'est notre amour propre qui nous les fait paraître telles : nous ne sentons par les afflictions des autres, qui sont peut-être plus grandes que les nôtres. Il ne faut pas perdre courage, encore qu'on ne voie aucune apparence de changement; mais marcher aussi fermement qu'il est possible dans le chemin épineux par où Dieu veut que nous approchions de lui.

Ne faisons au ciel des vœux que pour en obtenir la patience : car d'autres souhaits n'y seront pas exaucés; du reste, le sort ne changera pas par notre impatience.

LIMOGES, TYP. DE BARBOU FRÈRES.

www.ingramcontent.com/pod-product-compliance
Lightning Source LLC
LaVergne TN
LVHW051503090426
835512LV00010B/2310